읽으면 초능력 3
정약용의 목민심서

1판 1쇄 찍음 2025년 11월 13일
1판 1쇄 펴냄 2025년 11월 25일

글 이병안 | 그린이 로따뚜이

펴낸이 박상희
편집주간 박지은 | 편집 이병안 | 디자인 황혜련

펴낸곳 애니혼
출판등록 1994. 3. 17(제16-849호)
주소 06027 서울시 강남구 도산대로1길 62 강남출판문화센터 4층
전화 02)515-2000 | 팩스 02)515-2007
홈페이지 www.bir.co.kr
제품명 어린이용 반양장 도서
제조자명 애니혼 | 제조국명 대한민국 | 사용연령 3세 이상

ⓒ 애니혼 2025. Printed in Seoul, Korea.

ISBN 978-89-491-4704-8 (세트)
ISBN 979-89-491-4707-9 / 74810

애니혼 by (주)비룡소

사진 출처

158쪽 - 정약용 초상화 ⓒ 위키미디어
158쪽 - 거중기 ⓒ 위키미디어
159쪽 - 다산 초당 ⓒ 위키미디어
164쪽 - 애덤 스미스 ⓒ 위키미디어
164쪽 - 국부론 ⓒ 위키미디어

차례

등장인물 • 6

1화 고마워요, 플라톤! • 9

2화 게이트 키퍼 • 35

3화 다산 정약용 • 51

4화 왜 유배를 오셨어요? • 71

5화 백성을 사랑하는 마음 • 85

6화 수호자 • 97

7화 서로를 지킨다 • 117

사서 쌤과 독서 톡! Talk! • 156
똑똑해지는 인문 고전 캐치업! • 158
캐치업 노트 • 160
핵심 문장 익히면 나도 캐치업! • 162
캐릭터 정보 • 163
초능력 미리 보기! • 164

등장인물

▶짜로

수호가 『논어』로 들어가 처음으로 친해진 사람. 괴팍한 성격에 말보다 주먹이 먼저 앞서지만, 의리 있는 성격으로 수호와 친해진다.

정수호◀

사서 선생님의 추천으로 『논어』를 읽고, 초능력 '캐치업'을 얻게 되었다. 원래 친구들과 잘 어울리지 못하고, 운동도 못해 책만 좋아하던 소년. '학이시습지 불역열호' 즉 학습 초능력을 얻은 후 사람들을 지키기 위해 강해지기로 마음 먹는다.

▶ 이탄

사서 선생님의 소개로 수호와 만나 체력 훈련을 도와준 중학생. 복싱 선수 출신으로 캐처가 되기 전부터 무력은 일반인보다 뛰어났다. 이후 『국가』에 들어가 플라톤과 만나고, 이데아 캐치업을 얻어 더욱 강력해졌다. 뜨거운 성격의 열혈 남자.

▶ 제이

차가운 성격, 세련된 외모로 수호와 같은 반이다. 수호에게 재능이 있다는 것을 알고, 캐처가 될 수 있도록 이끌었다. 미래를 예지하는 초능력이 있다.

▶ 시영

무서운 눈동자, 소름 돋는 분위기의 여학생. 수호와 탄을 『국가』 속으로 넣었던 게이트 키퍼. 사람들의 정신을 조종하는 능력을 가졌다. 이번에는 누굴 조종하려고 할까?

▶ 사서 선생님

학교 도서관 사서 선생님. 수호에게 『논어』를 읽어 보라고 권한다. 초능력에 관한 비밀을 알고 있는 듯하다.

▶ 이성은

수호의 오래된 친구. 밝고 까불까불한 성격이다. 수호를 따라다니다가 『목민심서』에 따라 들어가게 된다.

1화
고마워요, 플라톤!

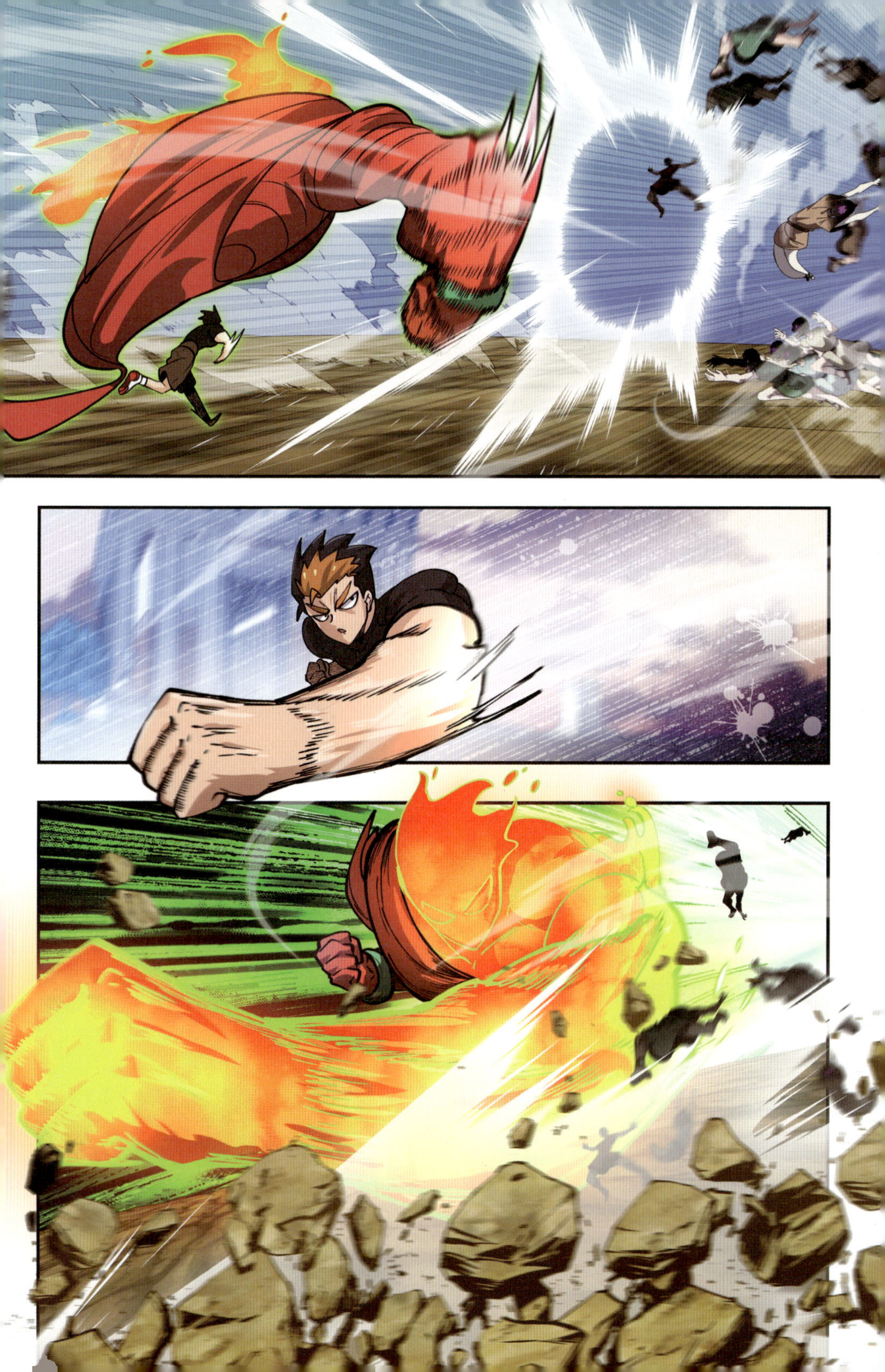

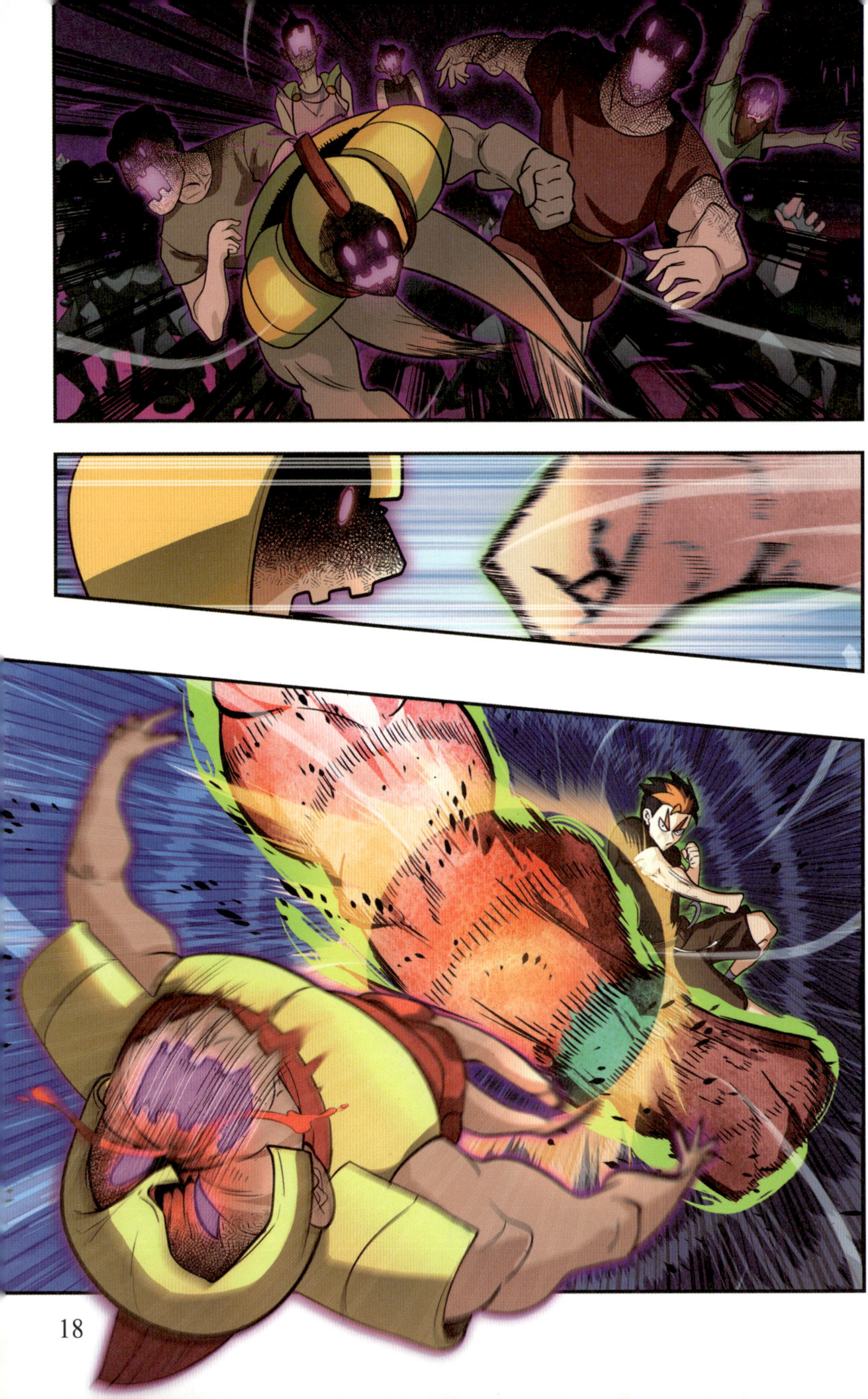

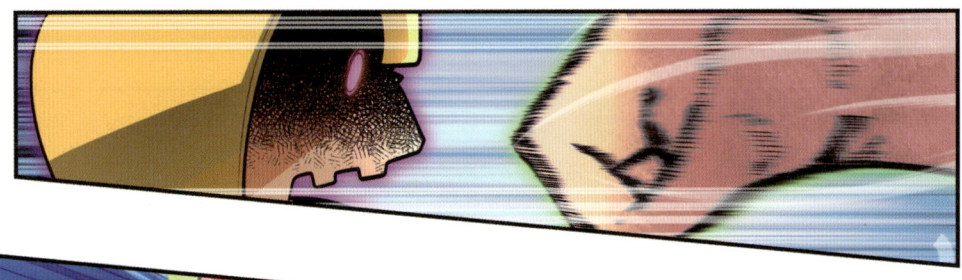

대단한 파워다!

하지만!

저런 거대한 힘을 쓰면 금방 지칠 거야.

이거 밖에 안 돼?! 더 덤벼!!

다 쓰러트리기 전에 형이 먼저 지쳐 쓰러질 거야.

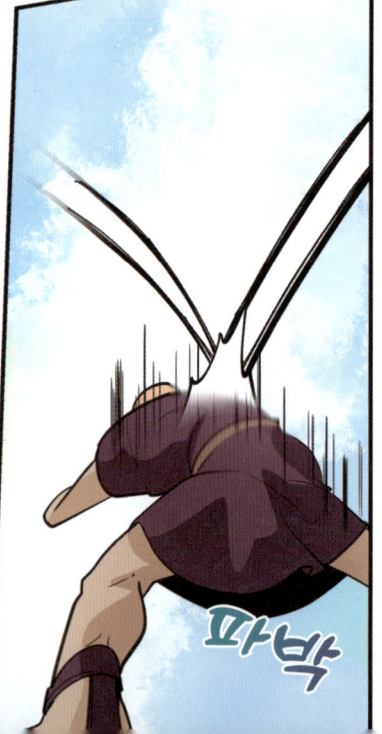

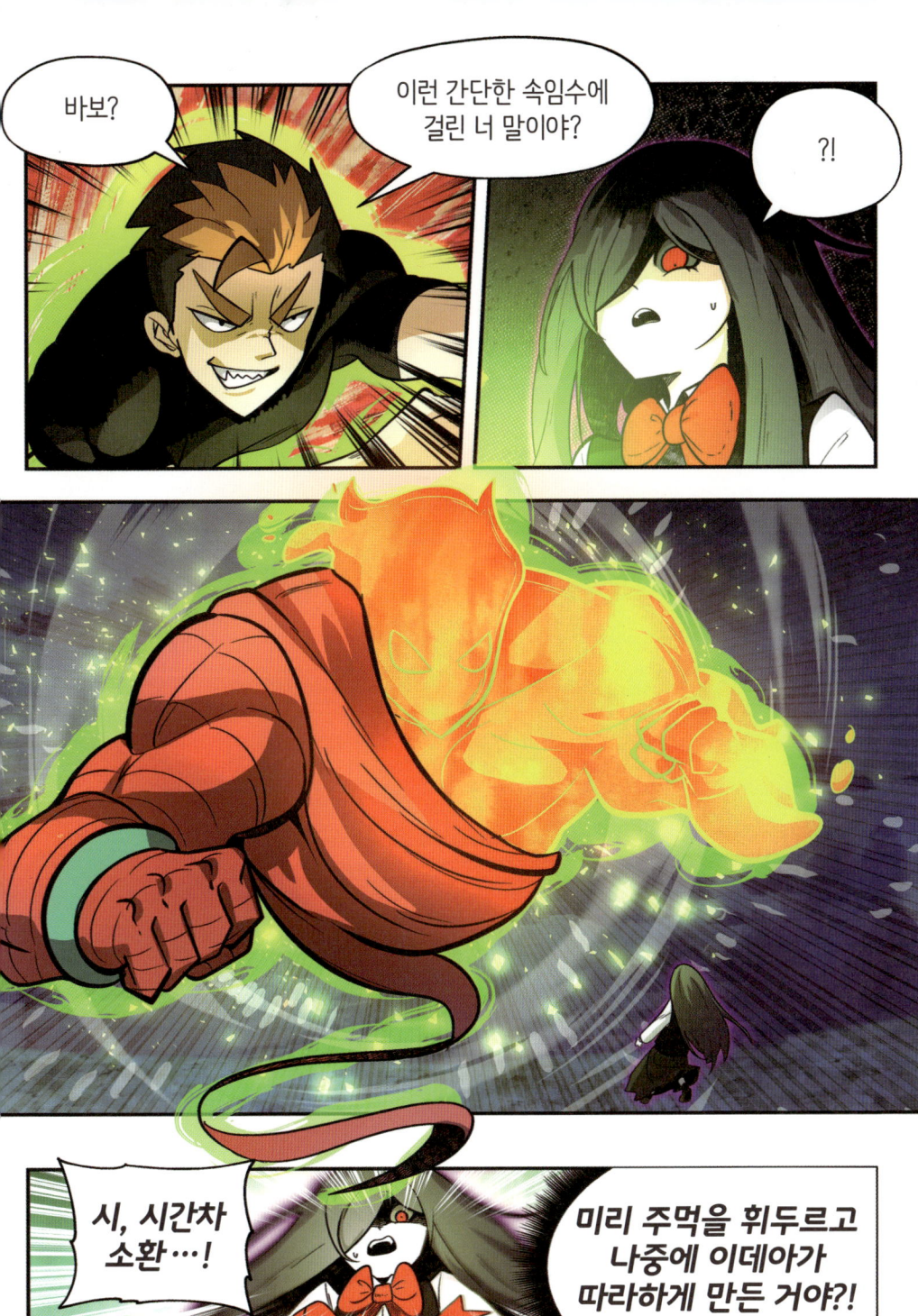

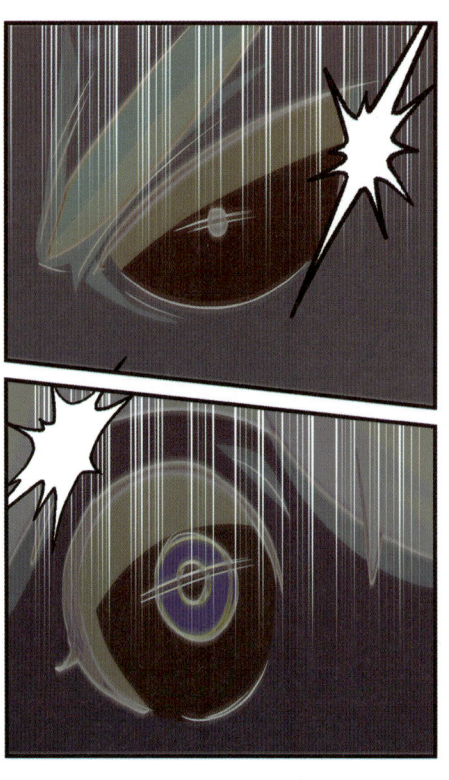

2화
게이트 키퍼

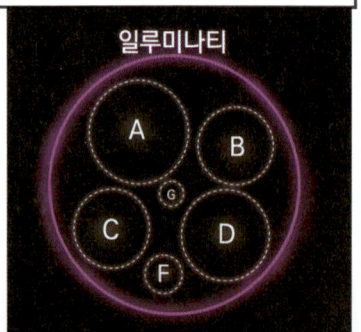

그 힘으로
많은 것을 파괴하거나

더 거대한 악을
만들려고 하는 것 같아.

그리고 우린…

그걸 막기 위해
모였단다!

자자! 이제 앞으로의 일에 대해 이야기할까?

사실 적들이 다음에 들어갈 고전을 알아냈어.

바로 이 책이야.

이 책은?!

3화
다산 정약용

뭐, 뭐지?!

크하하하! 그놈들 보고대로 여기가 맞군요, 형님!

음….

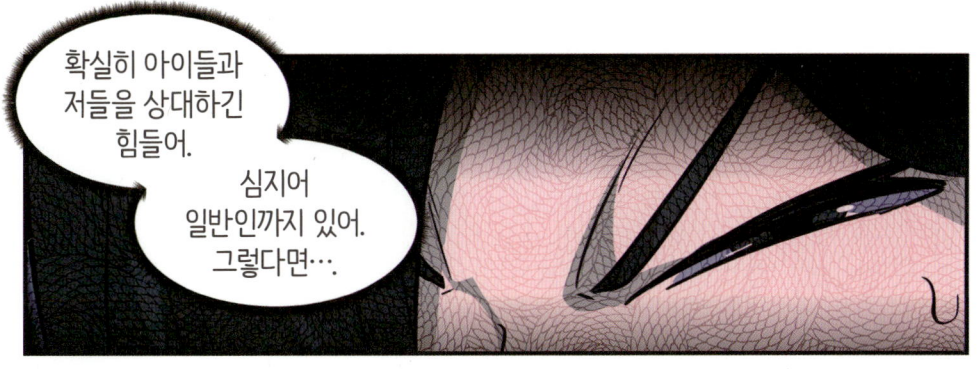

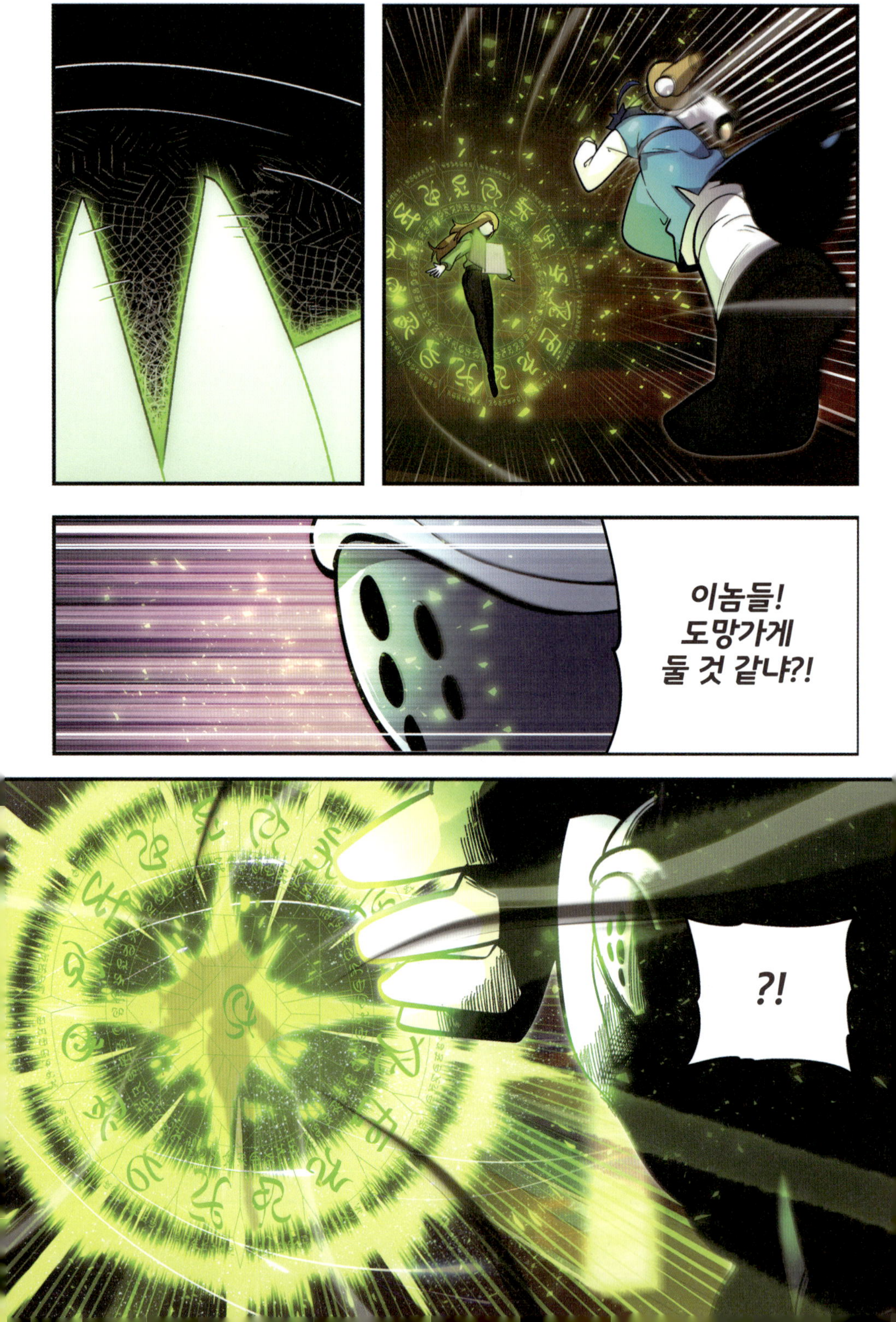

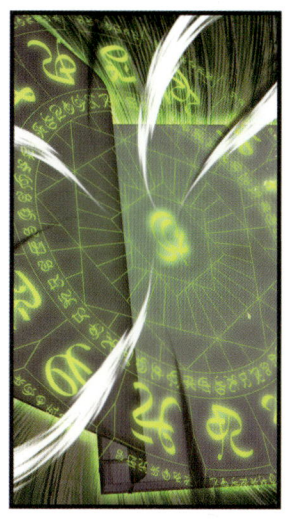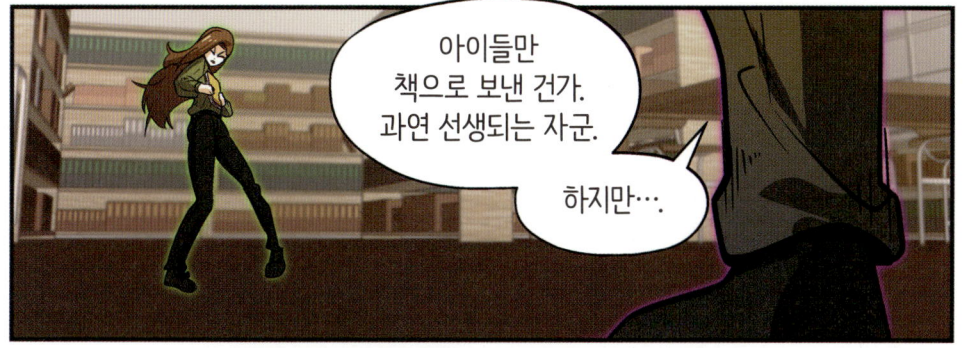

1800년대
조선

4화
왜 유배를 오셨어요?

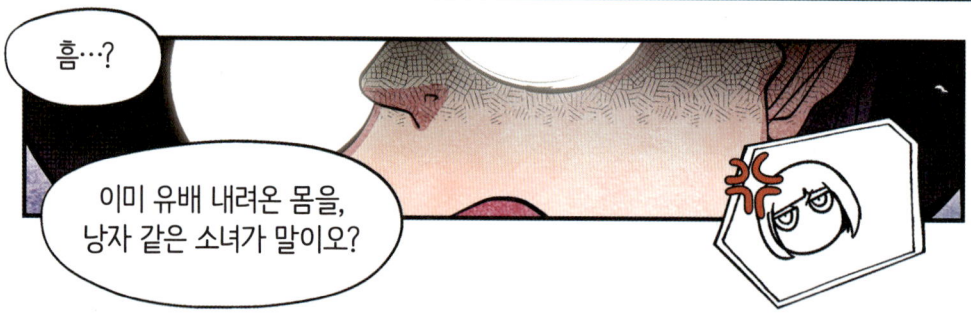

혼자 좀 하고 있어 봐.

내가 왜 여기까지 와서 농사를 지어야 하는데!

재워 줄 테니 일을 하라고 어르신이 말씀하셨잖아.

음. 그치그치…

그래. 일하자.

너 나한테 정말 할 말 없냐?!

괴물과 정약용?! 설명할 거 없어?

설명해도 이해할까…

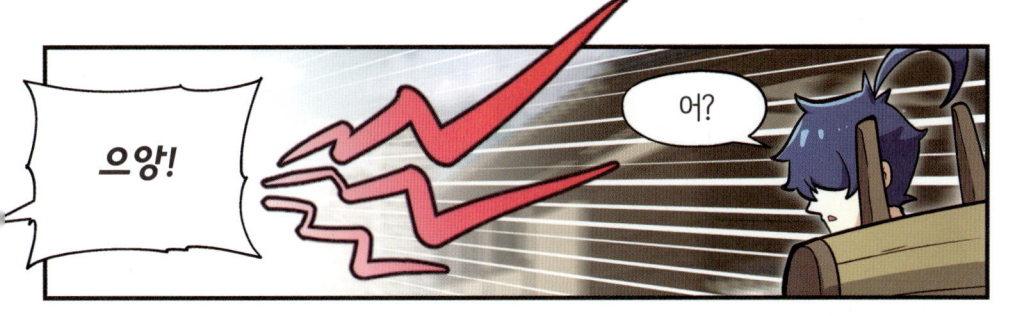

반찬이 겨우 상추?

심지어 아까 그 짓밟힌 상추네.

자, 잘 먹겠습니다.

!!!

5화
백성을 사랑하는 마음

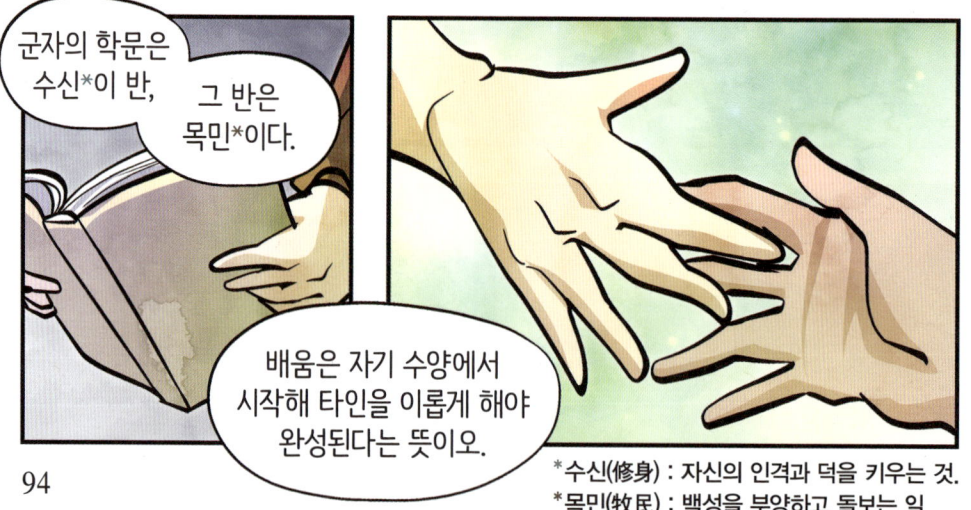

6화
수호자

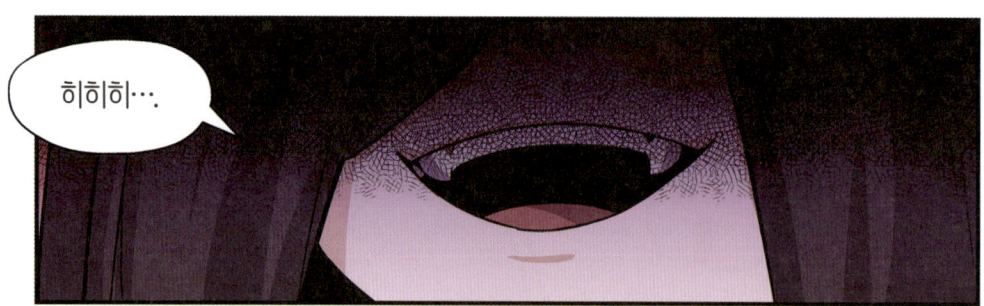

네가 정약용이지?

?!

죽어라!!

후웅

어르신!!

파

?!

쾅

7화
서로를 지킨다

콰지지징

후웅

치익

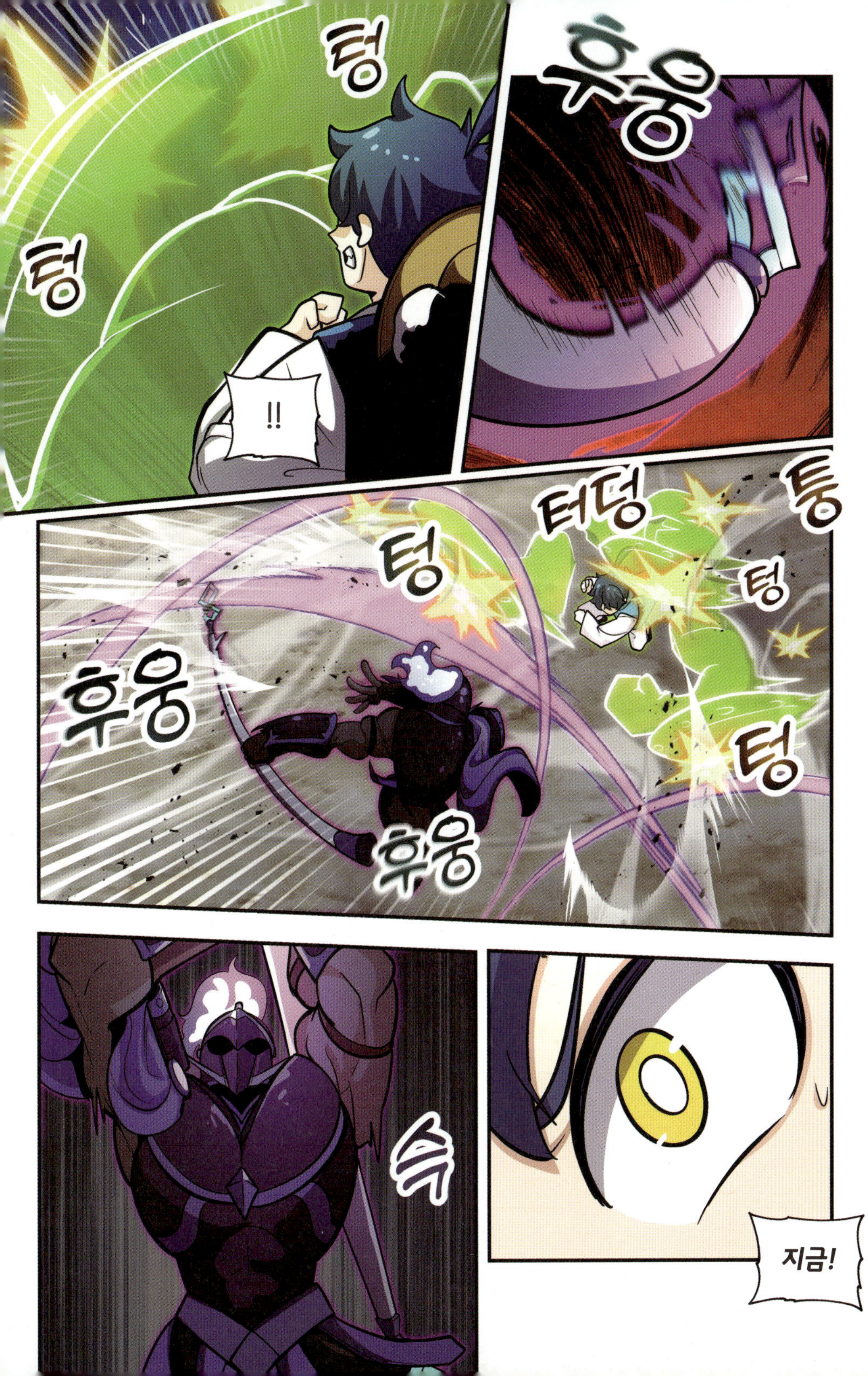

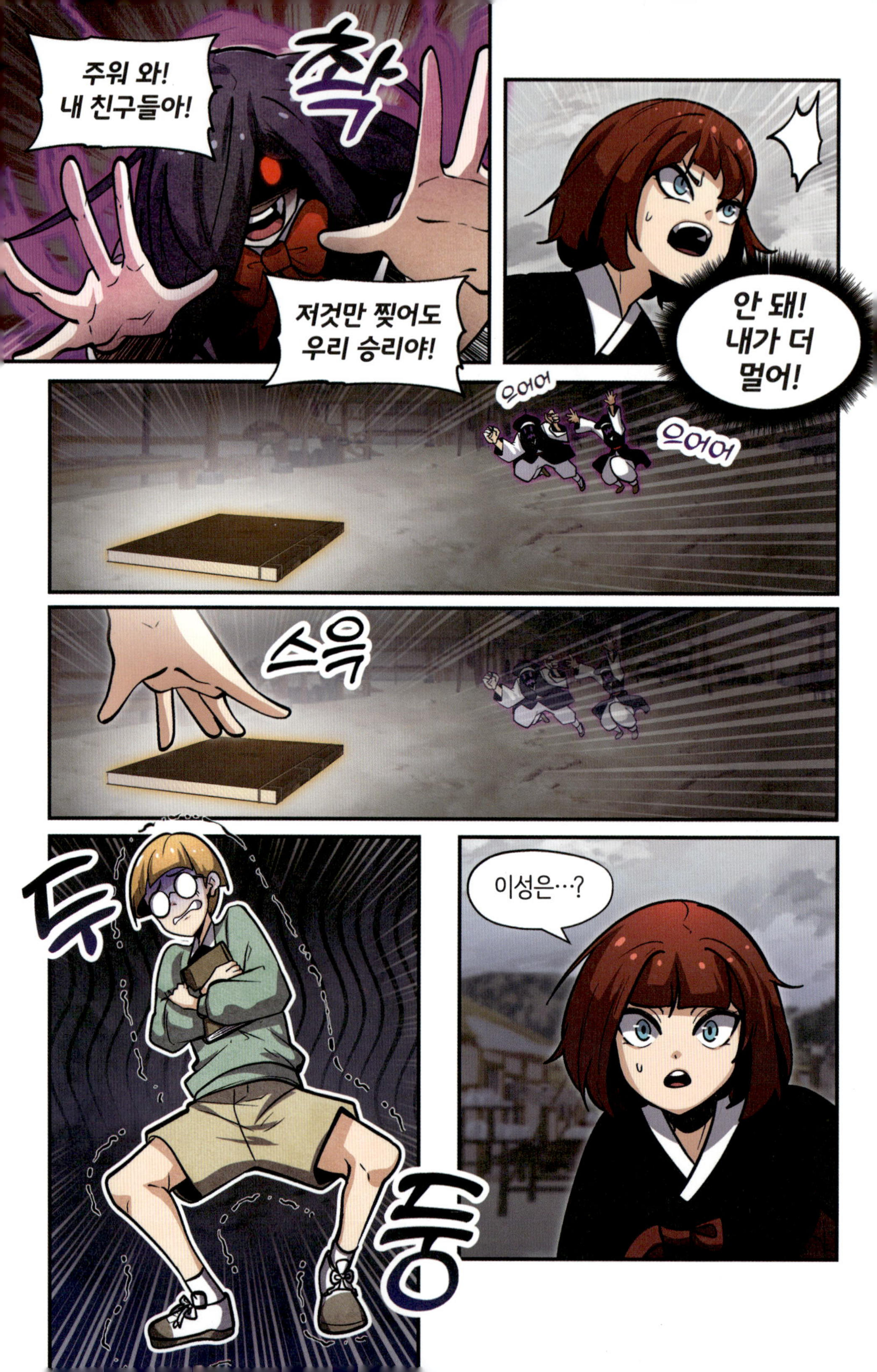

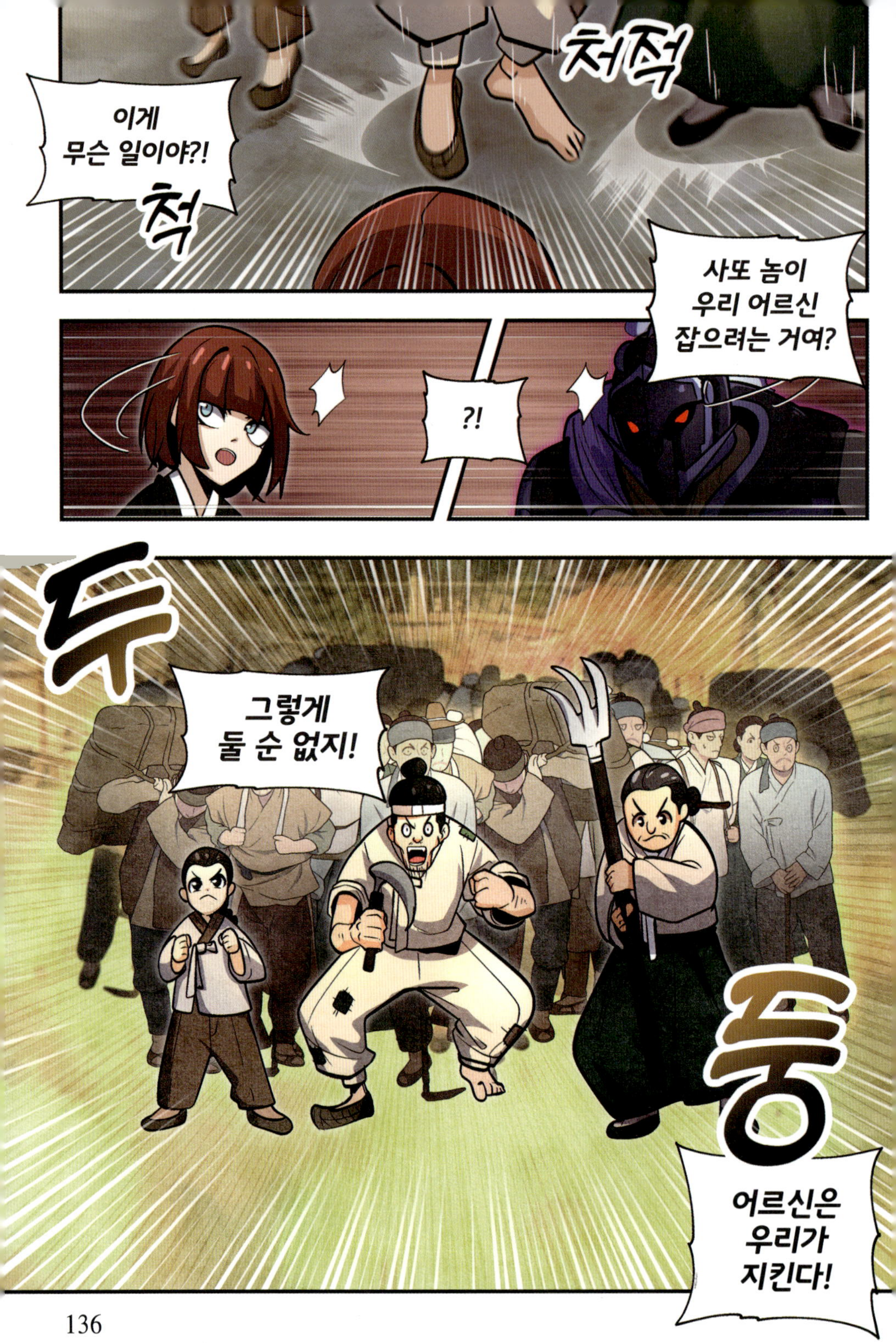

처적
이게 무슨 일이야?!
척
사또 놈이 우리 어르신 잡으려는 거여?
?!
두
그렇게 둘 순 없지!
둥
어르신은 우리가 지킨다!

우워어어

다산 어르신은 못 데려간다!

어르신을 지켜라!!

내가 지켜야 할 백성들이 나를….

우워어어어

와아

어쩌면, 내가 이들을 불쌍한 존재로만 보고 있었던 것 같구려.

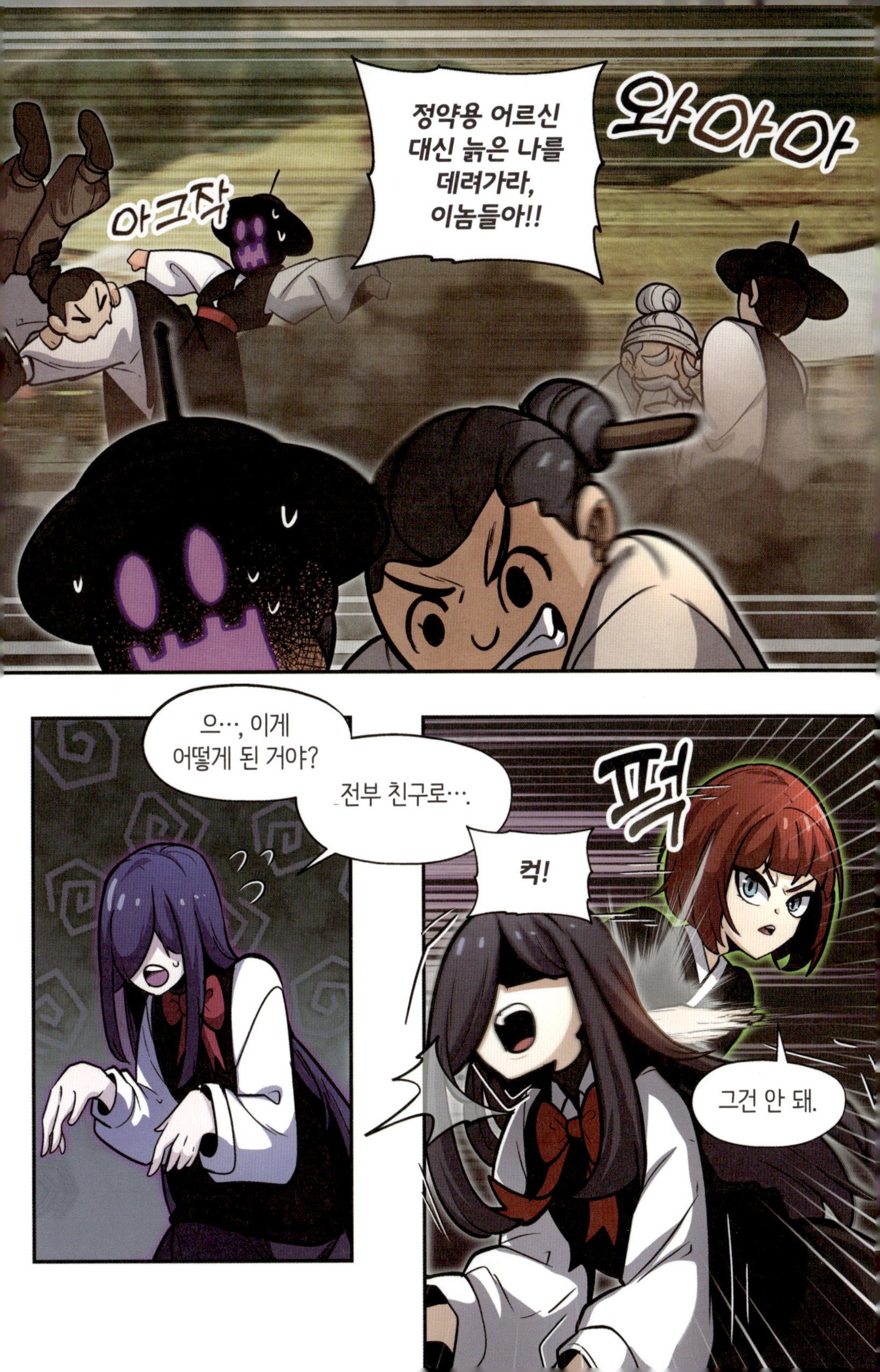

정약용 어르신
대신 늙은 나를
데려가라,
이놈들아!!
와아아
아그작
으…, 이게
어떻게 된 거야?
전부 친구로….
퍽
컥!
그건 안 돼.

어, 어르신!

어르신이 칼에 찔렸다!

'목민할 마음은 있으나 몸으로 행할 수 없어서 '심서(心書)'라 지었지.

이런 나태한 마음에 백성들이 다친다면….

이제 책만 쓰지 않겠소!

지금은 직접 백성을 지키겠소!!

강화

엄청난 힘이 느껴져요.

둘이 동시에!

가 보자고!

사서 쌤과 독서 톡! Talk!

조선의 천재 정약용 선생님!
『목민심서』에 들어간 수호가 정약용 선생님과 만난 후로
궁금한 게 생겼다고 해서 톡톡으로 알려줬어.

궁금한 게 뭐야~?

정약용 선생님! 씻기 싫어하셨다고?!

 처음으로 만난 우리나라 고전이라서 감격스러워요. 엉엉.

당연히 우리나라에도 많은 천재들이 있었지만 정약용 선생님은 어릴 적부터 남달랐단다.

 만났을 때 남다르긴 하셨어요.
눈빛이 '나 똑똑하다.' 하시는 것 같더라고요.

정약용 선생님은 4살 때 이미 천자문을 익혔고, 7살에는 시를 지었다고 해. 그리고 10살 전에 그 시들을 모아서 '삼미집'이라는 책을 냈지.

 10살에 책을 냈다고요? 저도 책을 많이 보긴 하는데, 직접 지으시다니….

그런데 그런 천재 정약용 선생님도 씻기 싫어서 도망 다니셨대.

 네?! 엄청 깔끔하시던데요?!

어린 시절에는 정약용의 형님의 아내가 씻기 싫어서 도망 다니는 정약용 선생님을 붙잡고, 박박 씻기셨다고 하니….

 허억. 천재도 씻는 건 귀찮으셨군요. 하하하.

눈썹이 3개인 정약용 선생님?

 쌤! 정약용 선생님에 대해서 인터넷으로 찾아봤는데, 눈썹이 3개라는 별명도 있었다는데 무슨 뜻인가요?

 아~ 정약용 선생님의 어릴 적 별명인 '삼미'를 말하는구나?

 '삼미'요…? 구미호도 아니고, '삼미'가 뭐예요?

 어릴 때부터 화를 잘 내지 않고, 차분한 성격이시던 선생님이 천연두라는 병에 걸렸었나 봐. 눈썹 근처에 종기가 나서 눈썹이 3개처럼 보였는데, 그래서 3개의 눈썹이라는 의미의 '삼미(三眉)'라고 놀림 받으셨대.

 외모로 놀림 받으면 정말 화나셨을 텐데. 선생님은 어떻게 복수하셨을까요?

 "어, 그러냐? 알겠다."고 하더니 이후로 스스로 직접 '삼미'라고 부르면서 10살에 쓴 시집의 이름도 '삼미집'이라고 지은 거야.

 우아. 더 놀리면 큰일이 날 것 같은 더 무서운 성격인 걸요?

 후후. 그렇지? 복수하는 방법도 천재다운 것 같아.

똑똑해지는 인문 고전 캐치업!

사서 선생님이 정약용 선생님에 대해 알려 주시긴 했지만, 궁금한 게 너무 많아! 어떤 삶을 사셨던 건지 더 알아봐야겠어~!

나도 이번 기회에 공부한다!

▲ 정약용 초상화

최대의 실학자

정약용(1762~1836)은 한국 최대의 실학자라고 불려요. 실학자는 조선 후기 시대에 기존 성리학을 비판하면서 실제적으로 사람들에게 도움이 되는 학문을 연구한 사람들을 뜻해요. 이 시기에 성리학만 주장하면서 백성들의 생활이 힘들어지는 상황이 생기기도 했거든요. 그래서 백성들이 농사를 쉽게 짓는 방법, 백성들의 의견을 듣고 해결하는 방법 등 실생활에 도움이 되는 학문을 발전시켰어요. 비슷한 시기에 여러 실학자들이 있었지만 500권의 책을 쓸 정도로 정약용의 연구 실적은 어마어마했답니다.

에디슨을 능가한 발명가

거중기는 1792년 수원 화성을 쌓을 때 사용한 기계인 도르래예요. 백성들이 성을 쌓을 때 무거운 돌을 운반하다가 깔려서 죽거나 다치기도 하고, 너무 힘들어하는 모습을 보면서 정약용이 개발했다고 합니다. 지금은 포크레인이 저런 일을 대신하고 있고, 로봇까지 나오면서 사람이 직접 무거운 것을 들 일이 별로 없지요.

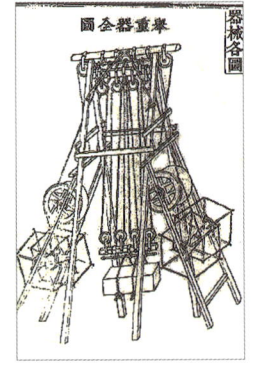

▲ 거중기

유배 생활도 정약용을 막지 못한다

정약용은 조정의 관리로 열심히 일하다가 1801년 일어난 신유박해라는 사건 때문에 그 벌로 유배 생활을 하게 됩니다. 당시 서양의 종교였던 천주교가 조선으로 들어오면서 천주교 신자들을 박해하는 일이 일어났는데, 정약용과 그 형제들도 천주교 신자였거든요. 그렇게 전라남도 강진으로 유배를 간 정약용은 '다산 초당'이라고 이름 붙인 그곳에서 더 많은 책을 썼어요. 기존 제도를 바꾸자고 주장하는 『경세유표』, 지방 관리들이 부패하지 않도록 권고하는 『목민심서』, 공정한 재판을 논하는 『흠흠신서』도 모두 다산 초당에서 탄생했답니다.

▲ 다산 초당

500권의 책, 그러나 무예는 꽝

유배지를 가서도 책을 쓰던 정약용은 결국 500권 정도의 책을 지었다고 해요. 그런데 이런 정약용에게도 약점이 있으니, 그것은 바로 운동! 활쏘기와 말타기 등은 당시 선비들에게 인기 있는 운동이었는데, 정약용은 화살 10발을 쏴서 4발도 맞히지 못했다고 전해집니다. 정약용은 자신이 활쏘기와 말타기를 못하는 것이 부끄러워서 연습도 열심히 했다고 하는데, 결국 실력이 늘지 않았나 봐요.

캐치업 노트

백성을 사랑하는 정약용 선생님의 마음과 열정이 녹아 있는 『목민심서』. 『목민심서』의 핵심 문장과 그 뜻을 공부하다 보면, 우리도 리더가 될 수 있을 거야!

목민심서

목민심서 첫 장을 펼치자 이러한 정약용 선생님의 말씀이 적혀 있었다.

> 오늘날의 백성을 다스리는 자들은 오직 거두어들이는 데만 급급하고 백성을 부양하는 방법은 알지 못한다. 이 때문에 하민들은 여위고 병들어 줄지어 굶어 죽은 시체가 구덩이를 메우지만 다스린다는 자들은 바야흐로 고운 옷과 맛있는 음식에 자기만 살찌고 있으니, 어찌 슬프지 아니한가.
>
> -목민심서 중-

조금 어렵긴 했지만, 정약용 선생님과 책 속에서 직접 만났을 때 하셨던 말씀들이 궁금해서 어떤 의미인지 찾기 위해 더 보기로 했다.

부임육조(赴任六條)
고을에 부임할 때 관리가 지켜야 할 6가지 원칙.

율기육조(律己六條)
공직자가 자기 몸과 마음을 다스리기 위한 6가지 원칙.

봉공육조(奉公六條)
공직자의 기본 업무 6가지 원칙.

애민육조(愛民六條)
백성을 사랑하는 6가지 방법.

『목민심서』 중 오늘날까지 관리들뿐 아니라 모두에게 중요하다고 평가 받는 '애민육조'를 직접 써 볼까? 그러면 『목민심서』를 캐치업할 수도 있다고!

| 養 기를 양 | 老 늙은이 로 | 노인을 보살핀다. |

| 慈 사랑할 자 | 幼 어릴 유 | 어린이를 보살핀다. |

| 振 떨칠 진 | 窮 다할 궁 | 가난한 자를 구한다. |

| 哀 슬플 애 | 喪 죽을 상 | 초상이 나면 면제해 준다. |

| 寬 너그러울 관 | 疾 병 질 | 환자는 보살펴 준다. |

| 救 건질 구 | 災 재앙 재 | 재난이 생기면 구하는 데 힘쓴다. |

핵심 문장 익히면 나도 캐치업!

앞선 이야기와 정보들을 통해서 정약용 선생님에 대해서 더 잘 알게 되었어. 그러면 이제 왼쪽의 그림과 맞는 단어들을 연결해 볼까? 아는 것을 다시 확인하는 것도 중요한 공부 방법이라고!

'실학'은 실용적인 것!

1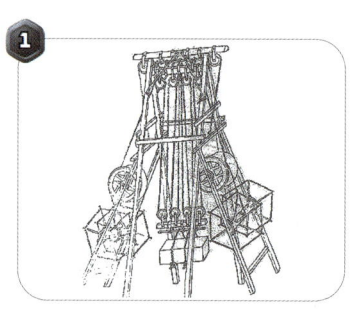

A 목민심서

2

B 다산 초당

3

성은이 들고 도망가는 정약용 선생님의 책 제목은?

C 거중기

정답 : 1-C, 2-B, 3-A

캐릭터 정보

『목민심서』로 들어가서 우리가 캐치업을 얻진 않았어.
그렇지만 정약용 선생님의 가르침을 통해서 리더 그리고 우리들이
주변 사람들과 어떻게 잘 살아야 하는지 배울 수 있었던 것 같아.
정약용 선생님이 이번에 보여 주신 초능력에 대해 알아 볼까?

*캐치업 이름: '애민의 마음'

*캐치업 설명

백성과 주변 사람들을 아끼고 사랑하는 마음이
캐치업 초능력으로 나타났다.
다친 사람들을 치유하고,
지친 사람들에게는 체력을 보충해 준다.
그리고 원래의 힘보다
몇 배는 강력한 힘과 더 강력한
초능력을 사용할 수 있도록 돕는
버프형 캐치업이다.

이름: 이성은
생일: 2월 13일
좋아하는 것: 달리기, 핸드폰 게임
좋아하는 색: 민트색
MBTI: INFJ

▶ **초능력 미리 보기!**

4권 예고

애덤 스미스의 『국부론』이다!

현실 세계로 돌아온 수호는 이제 자로를 불러 함께 싸우는 법을 알게 된다.
자신감이 생긴 수호는 곧 캐처들의 친선 운동회가 열린다는 사실을 알게 되고, 교수님과 함께 수련을 더 열심히 하기로 한다. 교수님은 수호와 아이들의 능력 향상을 위해 자신의 캐치업 비밀을 공개하는데….
『논어』, 『국가』, 『목민심서』에 이은 4번째 고전, 『국부론』!!
수호와 일행은 일루미나티의 위협으로부터 사람들과 책 속 세상을 지킬 수 있을까?!

▲ 애덤 스미스

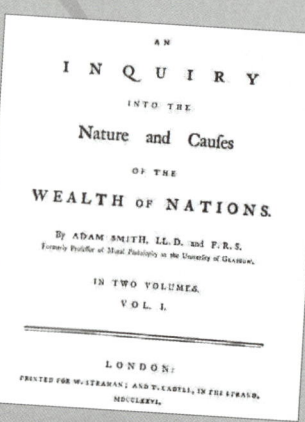

▲ 국부론